CARNETS DE NATURE

ÉTOILES
ET PLANÈTES

Claudine et Jean-Michel Masson
Documentation : Antonin Masson

Illustrations de Frédéric Pillot

MILAN

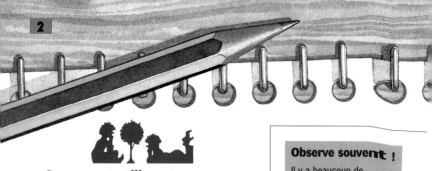

Comment utiliser ton carnet

Ton carnet a été conçu pour que tu puisses t'en servir directement dans la nature : grâce à son petit format, tu peux facilement le glisser dans ta poche ou ton sac à dos, et l'avoir ainsi toujours avec toi lors de tes balades-découvertes.

Ton carnet va te permettre de reconnaître les différentes étoiles, d'identifier les planètes, de comprendre le rôle de la Lune et du Soleil. Bienvenue dans le grand voyage de la découverte et de l'observation des merveilles de l'Univers.

Sommaire

Page 30, un index te permettra de retrouver rapidement l'étoile, la planète ou l'astre que tu cherches.

Observe souvent !

Il y a beaucoup de choses à voir dans le ciel. À chaque nouvelle observation, tu découvriras de nouvelles merveilles. Ce sera encore plus facile si tu le fais avec tes copains. À plusieurs, on trouve plus vite les constellations ou les planètes, et c'est si chouette de partager ses découvertes !

Partir découvrir

Pour observer dans de bonnes conditions, il faut bien préparer ta sortie. Tout d'abord, renseigne-toi sur la météo : s'il pleut à torrent, tu ne verras pas grand-chose ! Quand tu pars sur le terrain, emporte : un duvet ou une couverture, une bouteille Thermos avec une boisson chaude, une boussole, une montre, un bloc-notes, une lampe torche rouge et si possible une bonne paire de jumelles. Choisis un endroit dégagé, le plus loin possible des lumières de la ville, pour t'installer et contempler le ciel de nuit.

Bien voir

De bonnes jumelles doivent grossir au moins sept fois et posséder des lentilles larges d'au moins 30 mm, de façon à profiter d'une bonne luminosité. Une bonne paire de jumelles est le meilleur instrument pour observer le ciel comme la nature. Mais tu ne les prends pas trop grosses car plus elles sont puissantes, plus elles sont lourdes !

Pour te repérer dans le ciel

Sur les cartes de ce carnet, le nord est en haut et le sud est en bas. Au début, il va donc falloir te repérer. Trouve le nord avec ta boussole et couche-toi sur le dos, avec la tête au nord et les pieds au sud. Installe-toi (le plus confortable, si tu as des jumelles, c'est d'utiliser un petit bateau de plage gonflable comme matelas car tu pourras bien appuyer tes bras, mais une chaise longue fait aussi l'affaire) et ouvre ton carnet à la page 20. Cherche la Grande Ourse. Ton voyage dans l'Univers peut commencer.

Pour débuter ton observation

Commence toujours par observer le ciel à l'œil nu. La forme des constellations est parfois difficile à repérer. S'il y a un peu de brume ou quelques nuages, certaines étoiles ne seront pas visibles. Petit à petit, tu les reconnaîtras toutes. Ensuite, tu pourras utiliser tes jumelles et tu seras surpris de découvrir d'autres étoiles.

Pour apprivoiser les étoiles

Pour bien observer le ciel et la nuit, il faut que tes yeux s'habituent à l'obscurité, comme quand tu éteins la lumière la nuit dans ta chambre : au début tu ne vois rien, puis, progressivement, tu reconnais la forme des meubles et des objets. Il faut environ dix minutes pour que tes yeux voient bien. Si tu allumes la lumière et que tu l'éteins de nouveau, il te faudra encore dix minutes pour accoutumer ta vue. Alors, lorsque tu fais de l'astronomie, n'utilise jamais de lumière vive si tu veux profiter du ciel.

La Lune, les étoiles et les planètes

Dans le ciel, il y a une foule de choses à regarder ! Mais elles sont tellement nombreuses que tu as bien du mal à t'y repérer. Des centaines d'objets brillants sortent du noir, et au bout de quelques minutes, tu as le vertige !

Des étoiles de toutes les tailles

Sur les cartes du ciel de ce carnet, de la page 20 à 27, les étoiles sont représentées par des points de grosseurs différentes. Cela correspond à ce qu'on appelle la magnitude apparente : plus une étoile est brillante dans le ciel, plus le point correspondant est gros sur la carte. Les étoiles les plus grosses sur la carte sont donc les plus faciles à repérer dans le ciel. Les noms des constellations sont écrits en majuscules.

Le Soleil

Le Soleil, notre étoile, à qui nous devons tant : il nous éclaire, il nous réchauffe... Il t'apporte toute l'énergie dont tu as besoin pour vivre !

La Lune

La Lune, discrète, pâle... mais si belle et si mystérieuse.

NORD

LA PETITE OURSE

Étoile Polaire

Mieux lire

Fabrique une lampe rouge, soit en vernissant l'ampoule d'une lampe de poche avec du vernis à ongles, soit en fixant dessus un bout un chiffon avec un élastique. Elle te sera utile pour lire ton carnet sans être ébloui !

Les étoiles ne se couchent jamais, mais...

En fonction de la saison, certaines constellations se lèvent trop tard ou se couchent trop tôt par rapport au Soleil : quand elles sont dans le ciel, il fait jour et la lumière du Soleil est si forte que tu ne peux pas les voir ! Seules la Lune et la planète Vénus sont assez brillantes pour que tu puisses les voir parfois en plein jour.

Les planètes

Les planètes, elles, vagabondent autour du Soleil, chacune sur son chemin... pas toujours facile à suivre !

Vénus

Mercure

Jupiter

Mars

Saturne

Les étoiles

Elles ne sont pas très impressionnantes, les étoiles, mais elles sont très nombreuses. Et fidèles au poste, avec ça : été comme hiver, elles illuminent le ciel nocturne...

Et pourtant, elle tourne !

La Terre tourne dans le sens contraire des aiguilles d'une montre, sur son axe nord-sud. C'est pourquoi le Soleil se lève à l'est et se couche à l'ouest. Même chose pour les corps célestes, étoiles, galaxies, planètes, et bien sûr la Lune. Comme le ciel change d'heure en heure, tu ne peux pas voir tout ce qui est sur les cartes en même temps. Les constellations situées à gauche sur les cartes (à l'est) se lèveront plus tard dans la nuit.

Précautions indispensables

Si tu regardes le Soleil directement, protège impérativement tes yeux avec un filtre solaire. De même, n'observe jamais le Soleil avec un instrument (jumelles ou télescope) : tu pourrais devenir aveugle !

Le filtre solaire

Avec un pot de petit-suisse et, au moins, deux épaisseurs de pellicule photo complètement voilée, fabrique-toi un filtre qui protégera tes yeux du Soleil !

Regarder le Soleil

Le Soleil, tu le connais, bien sûr ! Cette énorme boule de flammes passe tous les jours dans le ciel, plus ou moins longtemps, plus ou moins haut... c'est lui qui te donne lumière et chaleur tout au long de l'année. Pour te permettre de percer les mystères du Soleil, voici quelques observations simples à réaliser.

HOUAH, HAHAHA!!! LA TRONCHE !!!...

Le Soleil et l'ombre

Regarde l'ombre d'un arbre à plusieurs moments de la journée : elle tourne autour de l'arbre et se déforme. Pourtant, l'arbre n'a pas bougé : tu as l'impression que le Soleil s'est déplacé dans le ciel : c'est ce qu'on appelle le mouvement apparent du Soleil. En réalité, ce n'est pas le Soleil, mais bien la Terre (et l'arbre !) qui a tourné devant lui.

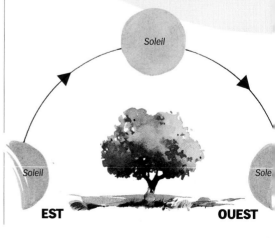

Soleil

Soleil

Sole

EST

OUEST

La journée

Observe le Soleil le matin, tu as l'impression qu'il se lève à l'est, en montant dans le ciel. Le soir, à l'ouest, il disparaît à l'horizon : on dirait qu'il se couche. Si tu recommences ton observation le lendemain, le même phénomène se reproduit, presque à la même heure, et pourtant 24 heures se sont écoulées. Cela signifie donc que, pendant ce temps, la Terre a fait un tour sur elle-même : c'est la journée.

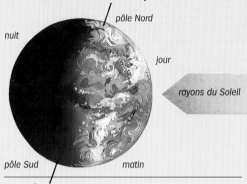

pôle Nord

nuit

jour

rayons du Soleil

pôle Sud   matin

L'année

Tout en tournant, la Terre fait une révolution autour du Soleil en 365 jours et 6 heures : c'est l'année. En été, tu remarques que les journées sont plus longues et que le Soleil monte plus haut qu'en hiver. Pourquoi ? Parce que l'axe de la Terre est incliné par rapport à son orbite. Ainsi, suivant la position de la Terre autour du Soleil, un hémisphère (la moitié nord ou sud de la Terre) est éclairé plus longtemps que l'autre.

automne

Terre

hiver

printemps   été

Soleil

Terre

printemps

été

Terre

hiver

Terre

automne

L'arc-en-ciel et son double

Souvent, tu ne vois pas un seul arc-en-ciel mais... deux ! Le premier est très visible, mais le deuxième, plus grand et deux fois plus large, est presque transparent. Tu remarqueras que l'ordre de ses couleurs est inversé.

Arc-en-ciel

Le Soleil se cache le temps d'une averse. Quand il pointe de nouveau son nez, tu vois des bandes colorées qui apparaissent comme par magie et barrent le ciel : c'est un arc-en-ciel. Mais d'où vient ce spectacle extraordinaire ? Qui a bâti cette arche multicolore ? Le Soleil, cette fois, s'est allié avec la pluie pour t'en mettre plein la vue ! Voici comment...

Explication du phénomène

La lumière du Soleil pénètre dans chaque goutte d'eau et rebondit sur ses parois, avant de revenir vers ton œil. Mais cette lumière a été transformée : grâce à son passage dans la goutte d'eau, tu peux maintenant voir les différentes couleurs qui composent la lumière du Soleil.

Un bon truc !

Voici un conseil pour les « chercheurs d'arc-en-ciel ». Se mettre dos au Soleil, attendre une petite averse et surveiller l'horizon... Les impatients peuvent fabriquer eux-mêmes leur arc-en-ciel. Il suffit, dos au Soleil, de simuler une averse à l'aide d'un tuyau d'arrosage pointé vers le ciel. Succès garanti !

goutte d'eau

Les sept couleurs de l'arc-en-ciel

De l'intérieur à l'extérieur de l'arc-en-ciel, tu reconnais le violet, l'indigo, le bleu, le vert, le jaune, l'orange et le rouge. En effet, la lumière du Soleil n'est pas blanche, mais elle est un mélange d'une multitude de rayons lumineux. Certains sont visibles : ce sont ces sept couleurs et leurs mélanges. D'autres, comme les infrarouges, sont invisibles, même si tu peux les sentir : ils te réchauffent. D'autres encore sont invisibles, indolores et très dangereux, ce sont les rayons ultraviolets.

violet   indigo   bleu   vert   jaune   orange   rouge

Les éclipses

Parfois, le Soleil disparaît et il fait nuit, même en plein jour : c'est une éclipse. Autrefois, les hommes en avaient peur, car ils pensaient que le Soleil allait partir pour de bon. Heureusement, il ne l'a jamais fait... Mais n'oublie pas : observer une éclipse, c'est toujours observer le Soleil. Il faut donc, cette fois encore, te protéger les yeux avec un filtre solaire !

Une éclipse, comment ça marche ?

En fait, l'éclipse est une folle partie de cache-cache entre la Lune, le Soleil et la Terre ! Au cours d'une éclipse, la Lune passe devant le Soleil et te masque sa lumière. Elle te fait de l'ombre, au point que tu pourrais te croire en pleine nuit !

Eclipse partielle ou totale

Si la Lune cache entièrement le Soleil, même un court instant, tu es parfaitement dans l'alignement de l'éclipse : tu as la chance de voir une éclipse totale.

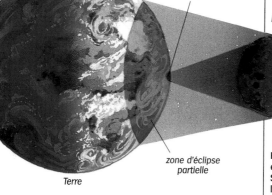

zone d'éclipse
totale

Lune

Soleil

zone d'éclipse
partielle

Terre

Par contre, si tu vois encore une partie du Soleil durant toute l'éclipse, c'est une éclipse partielle.

À quand la prochaine éclipse ?

On connaît bien les mouvements de la Lune et de la Terre par rapport au Soleil. Ainsi, grâce à des calculs, on peut facilement prédire les dates des éclipses. Rappelle-toi, c'est ce qui avait sauvé Tintin dans *Le Temple du Soleil* ! Pour connaître les dates des prochaines éclipses, renseigne-toi dans les clubs d'astronomie, auprès de l'Association française d'astronomie (AFA) ou de la Société astronomique de France (SAF).

Regarder la Lune

Le Soleil se couche, la nuit tombe...
La reine de la nuit peut entrer
en piste ! Ronde comme
une balle, fine comme un
croissant, ou parfois
même absente du ciel,
la Lune est un astre
élégant... et
capricieux ! Mais c'est
aussi l'astre le plus
proche de nous, donc
le plus facile à
observer : suivez le
guide !

Sous la lumière du Soleil...

Quand tu regardes la Lune, il y a
parfois une partie éclairée et une
partie sombre. Cette ligne d'ombre
qui découpe la surface de la Lune
s'appelle le terminateur. C'est une
zone intéressante à observer, car à
cet endroit la lumière du Soleil est
rasante : les ombres s'allongent et
le relief est plus contrasté !

L'absence d'atmosphère

L'atmosphère de la Terre est un véritable
bouclier contre les météorites : elle les
arrête presque toutes avant qu'elles ne
frappent le sol. La Lune, elle, ne possède
pas d'atmosphère : elle ne peut donc pas
se protéger des météorites. Comme
chaque météorite provoque un cratère,
elle en est couverte !

On l'a visitée !

La Lune est le seul astre que les hommes ont visité : le 20 juillet 1969, l'américain Armstrong posa le pied sur la Lune et déclara : " Un pas de géant pour moi, un petit... euh, non : Un petit pas pour moi, un pas de géant pour l'humanité ! "

Des zones claires ou foncées

Même à l'œil nu, en te promenant sur la surface lunaire, tu peux voir des zones sombres et des zones claires, parce que certains types de roches reflètent mieux la lumière que d'autres. Cela signifie que la composition du sol de la Lune n'est pas la même partout.

L'éclipse de Lune

Parfois, quand la Lune est ronde, elle change de couleur brusquement : elle devient rouge sombre, puis brune, presque invisible ! En fait, la partie de cache-cache continue ; mais cette fois-ci, c'est la Terre qui fait de l'ombre à la Lune : ce que tu vois est une éclipse de Lune.

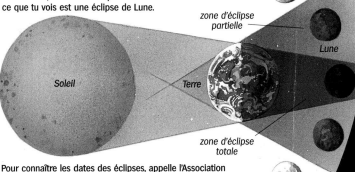

zone d'éclipse partielle

Lune

Soleil

Terre

zone d'éclipse totale

Pour connaître les dates des éclipses, appelle l'Association française d'astronomie (01 45 89 81 44), la Société astronomique de France (01 42 24 13 74) ou consulte le 3615 Big Bang.

La pesanteur sur la Lune

Tu as sans doute vu des films où, pour se déplacer, les astronautes faisaient des bonds de kangourou ! Ils se sentaient beaucoup plus légers que sur Terre. Cela est dû au fait que la Lune est plus petite que la Terre : elle n'est donc pas capable d'exercer une force d'attraction aussi puissante que sa grande sœur ! Du coup, sur la Lune, tout pèse six fois moins lourd que sur la Terre.

ON A MARCH...
OU PLUTÔT :
ON A SAUTÉ
SUR LA LUNE !

Les phénomènes lunaires

Cette fois, c'est décidé ! Tous les soirs, à la même heure, tu vas guetter la Lune, noter à quelle heure elle apparaît, la forme qu'elle prend... Pour ces rendez-vous, couvre-toi bien : les nuits sont parfois fraîches ! Mais courage, ta patience sera récompensée ! Tu vas faire d'étonnantes découvertes !

En phases

On dit que la lune est pleine.

Une semaine plus tard, comme dans la lettre d, c'est le dernier quartier.

Puis elle mincit, devient un croissant de plus en plus mince et finit par devenir invisible : c'est la nouvelle Lune.

Quelques jours plus tard, elle réapparaît à nouveau. C'est le premier quartier, comme dans la lettre p.

Puis le cycle recommence. 28 jours se sont écoulés entre les 2 pleines Lunes.

Toujours du même côté !

Oui, tu es un bon observateur ! Chaque nuit, la Lune t'a présenté toujours la même face, car elle tourne sur elle-même tout en tournant autour de la Terre. Mais suivant sa position autour de la Terre, ce visage change complètement de forme, c'est ce qu'on appelle les phases de la Lune.

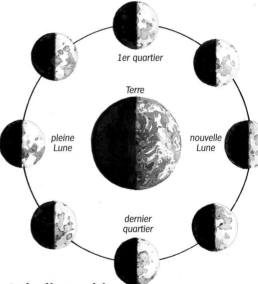

1er quartier

Terre

pleine Lune

nouvelle Lune

dernier quartier

La lumière cendrée

Parfois, tout le contour de la Lune est visible, alors qu'un croissant seulement est fortement éclairé. Cela se produit lorsque la Terre brille tellement que son reflet éclaire la partie sombre de la Lune. Ce phénomène, plutôt rare, s'appelle la lumière cendrée.

Les cratères lunaires

Prends tes jumelles. Cale tes bras de façon à ne pas bouger,
contre un montant de fenêtre, de porte, ou contre un mur... Tu vas
alors survoler le sol lunaire, bosselé, irrégulier, surprenant.
Rapidement, tu reconnais deux sortes de cratères : certains sont vides,
d'autres possèdent un piton central.

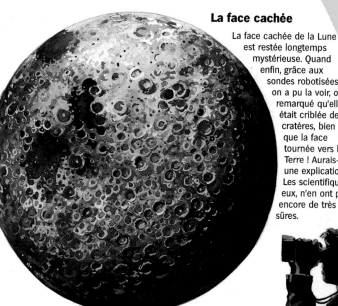

La face cachée

La face cachée de la Lune
est restée longtemps
mystérieuse. Quand
enfin, grâce aux
sondes robotisées,
on a pu la voir, on a
remarqué qu'elle
était criblée de
cratères, bien plus
que la face
tournée vers la
Terre ! Aurais-tu
une explication ?
Les scientifiques,
eux, n'en ont pas
encore de très
sûres.

Formation des cratères

Les cratères de la Lune se sont
formés de deux façons. Certains
sont des cratères de volcans
éteints, d'autres ont été créés
par l'impact de météorites sur
la surface lunaire.

Il y a quelques milliards d'années, la Lune,
comme la Terre, était couverte de volcans très
actifs. Petit à petit, ils se sont tous éteints et la
Lune est devenue un caillou froid... mais il reste
encore des traces des volcans : ce sont les
cratères, et ce qu'on appelle « les mers ».

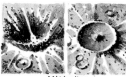

Météorites

Volcans

Vol au-dessus de la Lune

Grâce à cette carte et à une bonne paire de jumelles, tu es prêt pour un survol de la Lune ! En route pour une visite guidée de la surface lunaire : découvre les cratères, les mers, les chaînes de montagnes... et tu pourras même voir à quel endroit les astronautes américains d'Apollo 11 se sont posés !

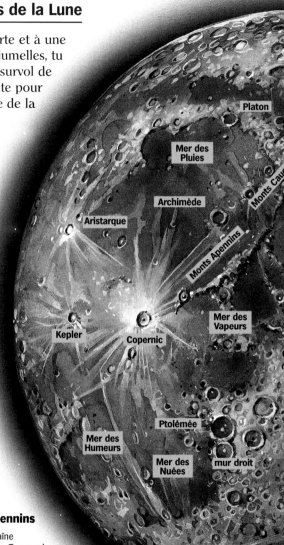

Platon

Mer des Pluies

Monts Cauca

Archimède

Aristarque

Monts Apennins

Mer des Vapeurs

Kepler

Copernic

Ptolémée

Mer des Humeurs

Mer des Nuées

mur droit

Tycho

La chaîne des Apennins

C'est la plus grande chaîne montagneuse de la Lune. Tu peux la voir à l'œil nu juste après le premier quartier, au bord du terminateur. Elle s'étend sur 1 000 km avec des sommets atteignant les 6 000 m.

Le mur droit

Le mur droit est une falaise de 300 m de haut sur plus de 100 km de long. Il apparaît sous la forme d'une ligne sombre après le premier quartier. Il disparaît à la pleine Lune, puis réapparaît comme une ligne très brillante au dernier quartier, quand il est directement éclairé par les rayons du Soleil.

Aristote

Atlas

Hercule

Posidonius

Mer de la Sérénité

Mer des Crises

Mer de la Tranquillité

APOLLO 11

Mer de la Fécondité

Théophile

Gutenberg

Mer du Nectar

Fracastorius

Des mers sur la Lune ?

En voyant des tâches sombres sur la Lune, les Grecs ont cru reconnaître des océans. En fait, il n'y a jamais eu d'eau sur la Lune, mais on appelle toujours " mers " ces immenses coulées de lave durcie.

Le cratère de Copernic

Le cratère de Copernic est un cratère d'impact de météorites. Il est très visible car il est profond et son relief est accentué. Les traces droites, tout autour de lui, ont été formées par les roches qui ont fusé au moment du choc.

Mercure

Mercure est une petite planète très proche du Soleil, visible quelques jours par an seulement. Pour la trouver, il faut donc la chercher juste après le coucher du Soleil ou juste avant son lever. Si tu as la chance de l'apercevoir, elle sera blanche, proche de l'horizon.

Vénus

Vénus est l'astre le plus brillant de notre ciel, après le Soleil et la Lune. Grâce à son atmosphère, elle est un très bon miroir. Cette planète, à peine plus petite que la Terre, apparaît parfois avant toutes les étoiles, à la nuit tombante : on l'appelle alors l'étoile du berger.

Mars

Mars est une petite planète rouge. Son intensité lumineuse et sa taille varient tous les ans : elle sera plus brillante un an sur deux.

De mémoire

Pour retenir l'ordre et la place des planètes (Mercure, Vénus, Terre, Mars, Jupiter, Saturne, Uranus, Neptune et Pluton) apprends cette phrase : « Monsieur Vous Travaillez Mal. Je Suis Un Novice, Pardi ! »

Reconnaître les planètes

Dans le ciel de nuit, une multitude d'objets scintillent : ce sont les étoiles. D'autres émettent une lumière fixe, tu peux les soupçonner d'être des planètes. Pour en avoir le cœur net, note leur position par rapport aux constellations qui les entourent. Si elles changent de place de jour en jour, ce sont bien des planètes. Sur les neuf planètes que contient le système solaire, seulement cinq sont visibles par un astronome amateur.

Les lunes de Jupiter

16 Lunes tournent autour de Jupiter, dont seulement quatre sont facilement visibles avec des jumelles. Ce sont des petits points blancs alignés, tout près de Jupiter. Si tu les observes jour après jour, tu verras qu'ils se déplacent autour de Jupiter.

Les voyages sur Mars

Mars est une planète intéressante pour l'homme : les conditions de vie à sa surface sont bien meilleures que sur toutes les autres planètes du système solaire. De nombreuses sondes robotisées se sont déjà posées sur Mars... à quand le premier homme ?

Vénus

Jupiter

Saturne

Jupiter

Jupiter est une immense planète gazeuse : c'est la planète la plus grosse du système solaire. Elle est un peu plus pâle que Vénus, mais grâce à sa taille, elle reste brillante et donc facilement observable. Parfois, elle apparaît en premier à la nuit tombante et on l'appelle à son tour l'étoile du berger.

Saturne

Une autre géante gazeuse : Saturne, entourée de ses célèbres anneaux ! Ils sont composés de débris rocheux, de poussières et de glace. Pour les voir, il te faudra un télescope : à l'œil nu, tu ne verras qu'une planète légèrement orangée, un peu moins brillante que Jupiter. La sonde américaine Voyager a permis de compter les anneaux : il y en a des milliers !

Quand une étoile meurt

Quand une grosse étoile meurt, elle explose : c'est alors une supernova. Les restes de cette explosion forment un nuage de gaz que l'on appelle une nébuleuse.

Si elle n'est pas très grosse, de la taille du Soleil par exemple, elle s'éteint sans exploser et devient toute petite. C'est alors une naine blanche.

Voir une supernova ?

Quand une étoile atteint le stade de géante rouge, on sait qu'elle explosera un jour. Mais quand ? Mystère ! Personne ne peut le dire.

Ce sera dans 20 ans, 20 000 ans ou... demain !

Reconnaître les étoiles

Quand la Lune est couchée, que la nuit est noire et le ciel sans nuages, installe-toi confortablement et profite du spectacle. Petit à petit, tes yeux s'habituent à l'obscurité : tu distingues mieux les étoiles, leur brillance, leur couleur, les dessins qu'elles forment dans le ciel...

Cette nébuleuse, ▲
la nébuleuse du Crabe,
est composée de milliards
d'éclats, restes de
l'explosion d'une étoile.

Elles brillent plus ou moins...

Certaines étoiles brillent plus que d'autres, soit parce qu'elles sont plus près, soit parce qu'elles sont plus chaudes ou tout simplement plus grosses. La mesure de la force lumineuse d'une étoile s'appelle la magnitude.

La Voie lactée

Cette bande laiteuse qui traverse le ciel, ce n'est pas un nuage : c'est un bras de notre galaxie, formé de milliards d'étoiles, dont notre Soleil. On appelle cette surface blanchâtre la Voie lactée. Dans le ciel, il y a des milliards d'autres galaxies constituées elles aussi de milliards d'étoiles.

◀ *Voie lactée*

Les couleurs des étoiles

Les étoiles ont des couleurs différentes suivant leur âge : si elle est bleue ou blanche c'est une étoile jeune, à peine quelques millions d'années. Si elle est jaune ou orange, elle est à la moitié de sa vie : c'est le cas de notre Soleil, qui a cinq milliards d'années. Si elle est rouge, c'est une vieille étoile, qui approche de la fin de son existence...

La Grande Ourse

La Grande Ourse est la constellation la plus facile à voir car elle brille beaucoup et elle est toujours dans le ciel. Elle a une forme de casserole, tu n'auras pas de mal à la trouver !

Les Pointeurs

Les deux étoiles du bord de la casserole sont appelées les Pointeurs, car ils pointent sur l'étoile Polaire... Tu peux la repérer ainsi et trouver la constellation de la Petite Ourse. Le bout de sa queue, c'est l'étoile Polaire.

L'étoile Polaire ne bouge pas

Comme la Terre tourne sur son axe, tu as l'impression que toutes les étoiles tournent dans le ciel... toutes ? Non ! Seule l'étoile Polaire, qui se trouve sur l'axe de la Terre, paraît immobile et t'indique toujours le nord...

ASTRONOME
VICTIME D'UNE
INSOLATION.

Le ciel d'été

Pour s'y retrouver au milieu de tant d'étoiles, comment faire ?

Étoile Polaire

LA PETITE OURSE

LE DRAGON

C'est pourtant simple, il suffit de grouper les étoiles les plus brillantes et d'imaginer des dessins... ces dessins, ce sont les constellations ! Grâce aux constellations, tu vas pouvoir t'orienter dans le ciel de nuit et trouver tous les objets qui t'intéressent.

N O R D

Mizar et Alcor

Regarde mieux l'étoile au milieu du manche de la casserole, tu verras qu'il n'y a pas une, mais deux étoiles : Mizar et Alcor. En réalité, ces deux étoiles sont distantes de millions de km... Mais comme elles sont alignées l'une derrière l'autre, elles nous donnent l'illusion d'être voisines ! C'est une étoile double optique.

Les Pointeurs

LA GRANDE OURSE

Mizar et Alcor

La Grande Ourse

Suivant les civilisations, les noms que portent les constellations changent. La Grande Ourse, par exemple, est un chariot pour les Chinois, alors que les Indiens des plaines y voient trois chasseurs (les étoiles de la queue) poursuivant une ourse !

Le Dragon

C'est une constellation très longue, si bien qu'il n'est pas facile de la voir en entier. Sa queue et son corps s'enroulent autour de la Petite Ourse avant de redescendre brusquement. Sa tête, en forme de losange, se trouve juste à côté de Véga, l'étoile la plus brillante du ciel d'été.

Cassiopée

Pour trouver Cassiopée, pars de la première étoile de la queue de la Grande Ourse et dirige-toi vers l'étoile Polaire, dépasse-la et continue dans la même direction. Voici Cassiopée, une constellation en forme de W.

Le Cygne

Une fois à Cassiopée, suis la Voie lactée vers le sud ; tu ne manqueras pas la constellation du cygne : elle forme une belle croix qui s'inscrit dans la Voie lactée.

La Lyre

Au pied de la croix du Cygne, juste en dehors de la Voie lactée, tu trouveras Véga et la constellation de la Lyre.

L'Aigle

De l'autre côté de la Voie lactée, presque en face de la Lyre, tu peux trouver Altaïr dans la constellation de l'Aigle. Altaïr, Véga et Deneb sont les trois étoiles les plus brillantes du ciel d'été : elles forment le triangle d'Été, très facile à repérer.

Le Dauphin

Pars maintenant de Véga, dépasse le pied de la croix du Cygne et traverse la Voie lactée. Tu trouveras une petite constellation en forme de cerf-volant :
le dauphin.

HORIZON

Galaxie d'Andromède

CASSIOPÉE

Deneb

LE CYGNE

LE DAUPHIN

Véga

Altaïr

LA LYRE

L'AIGLE

NORD

Galaxie d'Andromède

La galaxie d'Andromède est la plus grosse des galaxies proches : elle est de loin la galaxie la plus facile à observer. De plus, elle est intéressante car elle ressemble beaucoup à la Voie lactée, notre galaxie.

Le Bouvier

En suivant la courbe de la queue de la Grande Ourse, tu tombes sur Arcturus, l'étoile la plus brillante de la constellation du Bouvier, une étoile vingt-cinq fois plus grosse que notre Soleil !

La Couronne boréale

Trace une ligne imaginaire entre Arcturus et Véga (constellation de la Lyre) ; cette ligne croise deux constellations importantes. La première ressemble à un cercle d'étoiles incomplet : c'est la Couronne boréale.

Hercule

La deuxième est constituée de deux trapèzes, représentant le torse et le pagne d'Hercule. Dans cette constellation, avec des jumelles, tu peux voir un superbe amas globulaire, M 13.

Étoile Polaire

LA PETITE OURSE

LA GRANDE OURSE

LE DRAGON

M 13

LE BOUVIER

Arcturus

HERCULE

LA COURONNE BORÉALE

Les Hyades

C'est un amas ouvert en forme de V qui se trouve juste à côté d'Aldébaran. D'ailleurs, Aldébaran signifie « le suiveur » en arabe, parce qu'il suit les Hyades sans les rattraper.

Orion

La constellation la plus remarquable du ciel d'hiver est Orion, le chasseur. Tu la retrouveras grâce à son baudrier (sa ceinture), formé de trois étoiles alignées très proches les unes des autres. Au-dessus de cette ligne, il y a Bételgeuse et Bellatrix, qui constituent les épaules d'Orion. En dessous du baudrier, l'étoile la plus brillante est Rigel.

Le ciel d'hiver

En hiver, les nuits sont froides, mais ça vaut la peine de les braver !

Castor

Pollux

Procyon

LE PETIT CHIEN

LA LICORNE

Sirius

LE GRAND CHIEN

ATTENTION, ÉTOILE FILANTE !

L'air est pur, grâce au froid. L'observation du ciel n'est pas gênée par les mouvements d'air (les turbulences). De plus, le ciel d'hiver est plus riche en étoiles remarquables que le ciel d'été. Alors, habille-toi très chaudement et pars à sa découverte !

S U

N O R D

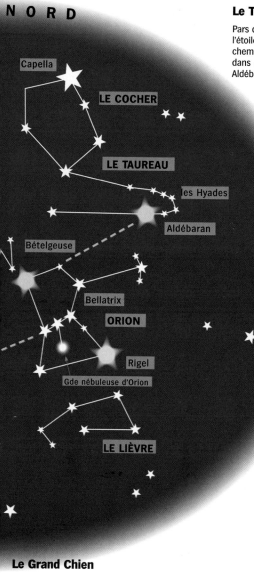

Le Taureau

Pars de Bételgeuse et passe par l'étoile au sommet d'Orion. Sur ton chemin, tu trouveras Aldébaran. Tu es dans la constellation du Taureau : Aldébaran est son œil !

Orion, un festival de couleurs !

Orion est une constellation parfaite pour découvrir les différentes couleurs des étoiles. Autour d'elle, tu as un échantillon complet : Sirius est blanche, Rigel est bleue, Aldébaran et Bételgeuse sont rouges.

La grande nébuleuse d'Orion

Cette nébuleuse est visible même à l'œil nu. Elle est un berceau d'étoiles, un nuage de gaz où les étoiles naissent et commencent leur vie. Elle est située dans l'épée d'Orion.

Le Grand Chien

Si tu suis la ligne du baudrier d'Orion vers la gauche, tu vas trouver Sirius, l'étoile la plus brillante du ciel. Elle fait partie de la constellation du Grand Chien, compagnon de chasse d'Orion.

Le Petit Chien

Trace une ligne passant par les deux étoiles d'Orion, Bellatrix et Bételgeuse, puis suis-la et traverse la Voie lactée. Tu vas trouver une étoile très brillante, Procyon, dans la constellation du Petit Chien, le deuxième compagnon de chasse d'Orion !

Le Cocher

Reviens maintenant vers la Grande Ourse. Suis le bord supérieur de la casserole en direction de la Voie lactée. Juste avant celle-ci, tu trouveras Capella, une étoile jaune, dans la constellation du Cocher.

Persée et Algol

En partant du Cocher, remonte le long de la Voie lactée : tu verras une constellation en forme de ligne croisant la Voie lactée. C'est Persée, qui comporte une étoile particulière : Algol. C'est une étoile variable : son intensité lumineuse change tous les trois jours. En réalité, ce sont deux étoiles qui se passent l'une devant l'autre !

Les Pléiades

Juste sous Persée, tu peux voir la constellation des Pléiades, formée de 7 étoiles groupées. C'est une constellation utile pour mesurer la qualité du ciel. Si tu vois 5 étoiles, cela signifie que la visibilité est moyenne. Si tu en vois 6, elle est bonne. Et si tu en vois 7, excellent ! Profite de cette chance pour observer tous les objets du ciel !

HORIZON

LA GRANDE OURSE

LE LION

Régulus

LE CANCER

La Ruche

Castor

Pollux

LES GÉMEAUX

Procyon

LE PETIT CHIEN

Sirius

LE GRAND CHIEN

NORD

LA PETITE
OURSE

Étoile Polaire

PERSÉE

Algol

Capella

LE COCHER

Les Pléiades

LE TAUREAU

Aldébaran

Bételgeuse

Bellatrix

ORION

Rigal

Galilée, un grand astronome

Galilée fut le premier à comprendre que " Le petit nuage " n'était pas un nuage mais bien un amas d'étoiles : en 1610, il compta 36 étoiles dans cet amas, que l'on a baptisé par la suite la Ruche ou la Crèche. Et toi, combien en comptes-tu ?

Les Gémeaux

Pars maintenant de Rigel et dirige-toi tout droit vers Bételgeuse. Continue ensuite ton chemin et traverse la Voie lactée : tu trouveras deux étoiles brillantes, qui se nomment Castor et Pollux. Tu es dans la constellation des Gémeaux.

Le Lion

Prends le bord intérieur de la Grande Ourse, et suis cette direction tout droit vers le sud. Tu trouves une faucille ou un point d'interrogation vu dans un miroir : c'est la constellation du Lion. Son étoile la plus brillante, le cœur du Lion, s'appelle Régulus.

Le Cancer

Cette constellation est située à mi-chemin entre Régulus et Procyon. Dans le Cancer, ne manque pas un superbe amas ouvert baptisé la Ruche. C'est un berceau d'étoiles, en pleine activité.

Le ciel nous tombe sur la tête !

Grâce à ce carnet, tu as découvert tous les objets majeurs du ciel, les astres permanents. De nombreux autres : météores, comètes, satellites, etc. ne font que des passages, parfois très rapides ! Le ciel te réserve dans les années à venir, encore bien des surprises !

Les météorites

Quand un météore réussi à traverser l'atmosphère terrestre sans brûler entièrement, il frappe le sol et on l'appelle alors une météorite. S'il est assez gros, il peut former un cratère important, comme sur la Lune.

Les Perséides

Quand la Terre croise la trajectoire d'une comète, des milliers de poussières viennent alors heurter notre atmosphère. Sur Terre, tu assisteras à un spectacle merveilleux : une pluie d'étoiles filantes ! La plus belle de l'année a lieu autour du 15 août et apparaît dans la constellation de Persée.

La comète de Halley

La comète de Halley est la plus célèbre de toutes les comètes car, depuis mille ans, elle vient nous rendre visite sans faute tous les 75 ans !

Les comètes

Les comètes sont des boules de poussières et de glace qui tournent autour du Soleil. Quand une comète s'approche du Soleil, la chaleur qu'il dégage la fait fondre : une queue de poussière se forme alors à la suite de la comète, comme une chevelure soufflée par le vent solaire !

Les météores

Un météore est une poussière de comète ou un bloc rocheux. En pénétrant dans notre atmosphère, il brûle entièrement, avant même de pouvoir toucher le sol ! Fais un vœu : c'est une étoile filante...

Les satellites artificiels

Depuis le début de la conquête spatiale, l'homme a construit et envoyé en orbite de très nombreux satellites. Si tu vois une étoile assez faible qui se déplace deux fois plus vite que toutes les autres, pas de doute, c'en est un !

Index

Lorsque tu as reconnu une planète, une étoile, une constellation ou un relief de la Lune, coche le ☐ correspondant à son nom.

Activités et identification, la nature est pleine d'idées, et tes carnets pleins d'inventions.

Dans la même collection

© 1995 Éditions MILAN pour la première édition
© 2002 Éditions MILAN pour la présente édition
300, rue Léon-Joulin, 31101 Toulouse Cedex 1 France
Droits de traduction et de reproduction réservés pour tous les pays.
Toute reproduction, même partielle, de cet ouvrage est interdite.
Une copie ou reproduction par quelque procédé que ce soit, photographie, microfilm,
bande magnétique, disque ou autre, constitue une contrefaçon passible des peines prévues
par la loi du 11 mars 1957 sur la protection des droits d'auteur.
Loi 49.956 du 16.07.1949
Dépôt légal : 3e trimestre 2002
ISBN : 2.7459.0791.3
Imprimé en Italie
par G. Canale & C. S.p.A., Borgaro T. se, Turin.